La Hora del Haiku

Haiku Zeit

Pilar Barceló Maíz

Herstellung und Verlag:
BoD - Books on Demand, Norderstedt
ISBN 978-3-8391-2566-3

La hora del haiku / Haiku-Zeit

Aus dem Spanischen Konstanze Deeters

1. Teil

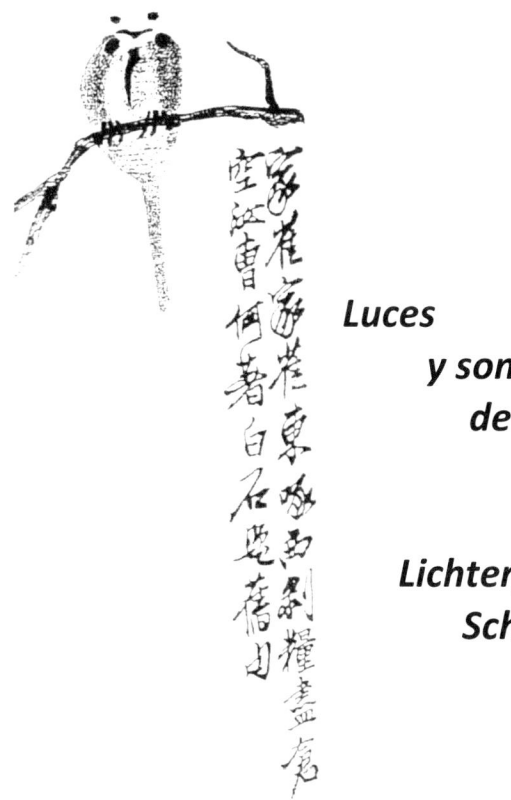

Luces
    y sombras
        de la ciudad

Lichter,
    Schatten
        der Stadt

1

Sola en verano.
Un gin-tonic sin hielo,
y tanta gente.

Allein im Sommer.
Ein Gin Tonic, kein Eis
und so viele Menschen.

2

Silencioso el fax.
El contestador mudo.
Vacío el buzón.

Still ist das Fax.
Stumm der Anrufbeantworter.
Der Briefkasten leer.

3

Siempre encendido
el televisor del bar.
Nadie lo escucha.

Pausenlos läuft
der Fernseher in der Kneipe.
Niemand hört hin.

4

El periódico.
Un café muy cargado.
Un nuevo día.

Die Zeitung.
Ein sehr starker Kaffee.
Ein neuer Tag.

5

Sobre la mesa
el periódico de ayer
me observa mudo.

Auf dem Tisch
liegt die Zeitung von gestern.
Stumm schaut sie mich an.

6

Sin esperanzas.
Me levanto de nuevo,
sin esperanzas.

Ohne Hoffnung.
Abermals stehe ich auf,
ohne Hoffnung.

7

La carta abierta
y las letras heridas
perdiendo tinta.

Der Brief ist geöffnet
und aus verletzten Buchstaben
tropft die Tinte.

8

*El folio en blanco
me mira con timidez
desde la mesa.*

*Das unbeschriebene Blatt
schaut mich schüchtern
vom Tisch her an.*

9

El televisor.
Una tarde de domingo
soñando el lunes.

Der Fernseher.
An einem Sonntagnachmittag
vom Montag träumend.

10

Ruidos caseros.
El teléfono mudo
y yo espero aún.

Wohnungsgeräusche.
Das Telefon bleibt stumm
und ich warte noch immer.

11

Otra vez lunes.
Retoco mi máscara
ante el espejo.

Wieder einmal Montag.
Vor dem Spiegel rücke ich
meine Maske zurecht.

12

Entre las mesas
pirutea graciosa
la camarera.

Zwischen den Tischen
dreht anmutig die Kellnerin
ihre Pirouetten.

13

La camarera,
figurilla danzante
de mesa en mesa.

Die Kellnerin,
ein tanzendes Püppchen,
hüpft von Tisch zu Tisch.

14

Un mercadillo.
Tenderetes y puestos.
Lujo de plazas.

Markttag.
Stände und Wagen.
Zierde des Platzes.

15

El tiestecillo.
Ostentación sin lujo
en la ventana.

Der kleine Blumentopf.
Bescheidenes Schmuckstück
auf dem Fensterbrett.

16

Café con leche,
campaña antirracista
en una taza.

Kaffee mit Milch,
Antirassismuskampagne
in einer Tasse.

17

*Las viejas fotos
cuentan de la persona
que un día fuimos.*

*Die alten Fotos
erzählen von dem Menschen,
der wir einmal waren.*

18

Pompas de jabón
que estallan en el aire,
artistas sin red.

Seifenblasen,
die in der Luft zerplatzen,
Artisten ohne Netz.

19

El agua clara,
sueño de luz y cristal
en una copa.

Klares Wasser,
Traum von Licht und Kristall
in einem Glas.

20

Danzan alegres
la espuma y las burbujas
en la bañera.

Fröhlich tanzen
Seifenschaum und Blasen
in der Badewanne.

21

*El cuello altivo
prescinde de las perlas
artificiales.*

*Ein stolzer Hals
verzichtet lieber
auf künstliche Perlen.*

22

Revuelto el lecho
yacen aún las sombras
de los cuerpos.

Zerwühlt ist das Bett,
noch ruhen die Schatten
der Körper darin.

23

El niño duerme,
de puntillas la brisa
sale del cuarto.

Das Kind schläft.
Auf Zehenspitzen schlüpft
ein Lufthauch aus dem Zimmer.

24

Caen los pétalos
de la rosa rotunda
sobre el piano.

Die Blütenblätter
der vollendeten Rose
fallen aufs Klavier.

25

Igual que un puñal
el desgarro que en la voz
pone el tanguero.

Wie ein Dolch ist sie
– die Zerrissenheit im Lied
des Tangosängers.

26

Plástico y neón.
Calles de gente llenas
y todos solos.

Plastik und Neon,
Straßen voller Menschen
und alle sind einsam.

27

Con un buen café
el placer del despertar
se multiplica.

Ein guter Kaffee
erhöht den Genuss
des Aufwachens.

28

Danzan las horas
en el salón circular
del viejo reloj.

Die Stunden tanzen
im kreisrunden Salon
der alten Uhr.

29

Matar el tiempo
es el crimen más común
e inevitable.

Ein häufiges,
unvermeidliches Verbrechen
– die Zeit totschlagen.

30

Perder el tiempo.
Ponerle una denuncia
a los relojes.

Zeitverschwendung.
Anzeige zu erstatten
gegen die Uhren.

31

Sin hacer ruido
se despiden las horas
a cada instante.

Lautlos vollzieht sich
der Abschied der Stunden
jeden Augenblick.

32

No pasa el tiempo
y las horas bostezan
discretamente.

Die Zeit steht still
und hinter vorgehaltener Hand
gähnen die Stunden.

33

Fría es la noche
y la luna se ausenta
de su trabajo.

Kalt ist die Nacht
und der Mond erscheint nicht
auf seinem Posten.

34

Se desmaquillan,
cansadas las estrellas,
al amanecer.

Bei Tagesanbruch
entfernen die Sterne
müde ihre Schminke.

2. Teil

Lúcidos
  Momentos

Helle
  Momente

35

La planta verde
sueña el verano rojo
ante el cristal gris.

Vom roten Sommer
träumt die grüne Pflanze
am grauen Fenster.

36

El claustro en sombras,
oasis de frescura
que invita al rezo.

Der schattige Kreuzgang,
eine kühle Oase,
die einlädt zum Gebet.

37

*De algas vestida
y al frescor de su lecho
descansa Ofelia.*

*Mit Algen bekleidet
ruht in ihrem kühlen Bett,
Ophelia.*

38

*Los recuerdos
acostumbran a usar
trajes estrechos.*

*Gewöhnlich tragen
die Erinnerungen
zu enge Kleider.*

39

Cada mañana
mueren los blancos sueños
sin grandes duelos.

Jeden Morgen
sterben weiße Träume,
kaum betrauert.

40

Tiembla la vela
y a la sombra de su luz
baila un fantasma.

Die Kerze flackert
und im Schatten ihres Scheins
tanzt ein Gespenst.

41

El subjuntivo,
modo verbal y amigo
del indeciso.

Der Konjunktiv,
Modus des Verbs und Freund
der Unentschlossenen.

42

Noble es el árbol.
Troca frutos por piedras
y no se queja.

Edel ist der Baum.
Tauscht Früchte gegen Steine
und beklagt sich nicht.

43

*De puro gozo
estallan las burbujas
achampañadas.*

*Aus reiner Freude
platzen die Bläschen
champagnerbeschwingt.*

44

Se aleja el barco
de paquetes cargado
y de esperanzas.

Das Schiff fährt davon,
beladen mit Paketen
und Hoffnungen.

45

La caracola
yace oculta en la arena
como mis sueños.

Das Schneckenhaus
ruht verborgen im Sand
wie meine Träume.

46

Un oso de trapo.
Mi viejo costurero.
          Lejana infancia...

                    Ein Flickenteddy.
               Mein altes Nähkästchen.
                    Ferne Kindheit...

47

Fiel y discreta
me acompaña mi sombra
a donde vaya.

Unauffällig und treu
begleitet mich mein Schatten,
wohin ich auch gehe.

48

Lamen las olas
la cola escamosa y gris
de la sirena.

Die Wellen lecken
am grauen Schuppenschwanz
der Meerjungfrau.

49

Vasto es el cielo
y un ángel solitario
se pierde en sueños.

Weit ist der Himmel
und ein einsamer Engel
hängt seinen Träumen nach.

50

Un nuevo año.
Nada cambia en mi alma
pura y eterna.

Ein neues Jahr.
Unwandelbar ist meine Seele,
ewig und rein.

51

*¡Qué tanto apuro
tienen esas palabras
apresuradas...!*

*Was für eine Eile
diese überstürzten Worte
auch immer haben...!*

52

Dejar de pensar,
en la esperanza de huir
a los fantasmas.

Nicht mehr nachdenken,
in der Hoffnung den Phantomen
endlich zu entkommen.

53

Noche del alma.
Pesadilla, y no sueño.
Y sólo sombras.

Seele im Dunkel.
Kein Traum – ein Albtraum
und nichts als Schatten.

54

Gotea el grifo
desquiciante y molesto
de la memoria.

Das Gedächtnis.
Ein tropfender Hahn,
aufreibend und lästig.

55

Llueve en la calle.
Dentro de mi diluvia.
Perdí el paraguas.

Draußen regnet es.
Ich hab' den Schirm verloren.
In mir die Sintflut.

56

Mueren los sueños
al despertar el día
y nadie llora.

Die Träume sterben
wenn der Tag erwacht.
Niemand weint deshalb.

57

¡Pobre lobito!
Mira que toparse con ...
Caperucita.

Armer kleiner Wolf!
Musste er denn ausgerechnet
Rotkäppchen begegnen.

58

Dentro del agua
todas las escamas son ...
¡tan plateadas!

Im Wasser
glänzen alle Schuppen
wie versilbert.

59

Y mientras lloro
parto el blanco corazón
de la cebolla.

Und unter Tränen
schneide ich das weiße Herz
der Zwiebel entzwei.

3. Teil

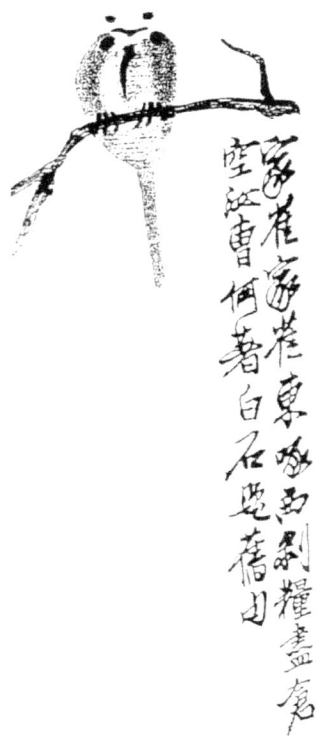

Flores de un día

Eintagsblumen

60

El vino rojo,
la muerte instantánea
y el amor, dulce.

Rot der Wein,
augenblicklich der Tod
und die Liebe süß.

61

*La estrella que cae
recoge las promesas
de los amantes.*

*Der fallende Stern
nimmt die Versprechen
der Liebenden mit sich.*

62

La flor temprana
anuncia el verano.
¿Y el nuestro? ... Pasó.

Die frühe Blüte
kündet vom Sommer.
Und unserer? – Vorbei.

63

Mientras te amaba
te creías inmortal.
Y ahora ... ¿qué crees?

Als ich dich liebte,
glaubtest du dich unsterblich.
Und jetzt ... Was glaubst du?

64

Ella le miró.
Él equivó sus ojos.
No pasó nada.

Sie schaute ihn an.
Er wich ihrem Blick aus.
Nichts ist geschehen.

65

Contemplo el jarrón
vacío de las flores
que tú traías.

Ich betrachte die Vase,
leer ist sie ohne die Blumen,
die du mir brachtest.

66

¿Por qué si no estás,
tu ausencia mora en casa
y señorea?

Wenn du fort bist, warum
bleibt sie hier und spielt sich auf
– deine Abwesenheit?

67

De acero y cristal.
Así, como este edificio
es tu corazón.

Aus Stahl und Glas.
Wie dieses Hochhaus
so ist dein Herz.

68

Como una grieta
se abre el abismo fatal
entre nosotros.

Wie ein Riss im Gemäuer
öffnet sich die verhängnisvolle
Kluft zwischen uns.

69

Se deshilvanan
los hilos de un corazón
ya muy usado.

Die brüchigen Nähte
eines abgenutzten Herzens
lösen sich auf.

4. Teil

**Naturalezas
Vivas**

**Belebte
Stillleben**

70

En primavera
el fruto y las mujeres
se adornan de sol.

Im Frühling schmücken sich
Frauen und Früchte
mit Sonnenschein.

71

*Besa la luna
el cauce del río
donde un pez sueña.*

*Das Mondlicht küsst
das Bett des Flusses,
wo ein Fisch träumt.*

72

*El viento llega
sin que le llamen, luego
sólo silencio.*

*Der Wind kommt
unberufen, dann
nur Stille.*

73

Sólo la lluvia
me acompañó esta tarde.
Caricias de agua.

Nur der Regen
war bei mir heute
Nachmittag.
Liebkosungen des Wassers.

74

Cielo sin nubes.
Soledad del verano.
Ni lagartijas.

Himmel ohne Wolken.
Einsamkeit des Sommers.
Nicht einmal Eidechsen.

75

En cada grano
Se desangra el corazón
de la granada.

In jedem seiner Kerne
verblutet das Herz
des Granatapfels.

76

El horizonte
se engalana de rojos.
Hay quien le espera.

Edel kleidet sich
der Horizont in Rot.
Er wird erwartet.

77

*Una ola inmensa
se eleva de puntillas
sobre el malecón.*

*Eine riesige Woge
hebt sich auf Zehenspitzen
über den Kai.*

78

Cantan las aspas
su canción laboriosa
al viejo molino.

Die alte Mühle
lauscht dem mühevollen
Lied ihrer Flügel.

79

Discurre el río.
Se dobla un junco tierno
besando el agua.

Der Fluss fließt dahin.
Zartes Schilf beugt sich hinab
das Wasser zu küssen.

80

Nubes flotantes.
Sombreritos coquetos
sobre las casas.

Ziehende Wolken.
Verspielte Hütchen
über den Häusern.

81

*El arco iris
se lava los colores.
La lluvia canta.*

*Der Regenbogen
wäscht seine Farben.
Der Regen singt.*

82

Despierta el día
con los rayos de punta,
de un rubio claro.

Der Tag erwacht,
seine hellblonden Strahlen
noch ganz verstrubbelt.

83

La fuentecilla
se aclara los cabellos
a la luz del día.

Im Sonnenlicht wäscht
der kleine Springbrunnen
sich das Haar.

84

Surgió la aurora.
Con prisas se viste el sol
su mejor traje.

Das Morgenrot ist da.
Eilig zieht die Sonne
ihr schönstes Kleid an.

85

Canta la noria.
Los cabellos del agua
se aclaran al sol.

Das Wasserrad singt.
Das Wasser badet sein Haar
im Sonnenschein.

86

Tardes de estío.
Al sopor de la siesta
duermen los gatos.

Hochsommer.
Träge dösen nachmittags
die Katzen vor sich hin.

87

Parpadea el sol.
Los chiquillos desnudos
recogen conchas.

Die Sonne blinzelt.
Nackt suchen die Kinder
nach Muscheln.

88

Espuma de olas
cosquillea la playa.
La red descansa.

Wellenschaum
kitzelt den Strand.
Das Netz ruht aus.

89

Verdor de algas.
Salpicón de amarillos
que caen en la arena.

Grün von Algen.
Ein goldgelber Schauer
fällt auf den Sand.

90

Blancor de espumas.
Caracolas y arena.
Tardes marinas.

Weiß von Gischt.
Schneckenhäuser und Sand.
Nachmittag am Meer.

91

Tórrido agosto.
Mueren los girasoles
ahítos de sol.

Ausgedörrter August.
Die Sonnenblumen sterben,
der Sonne überdrüssig.

92

La canícula.
Esplendor de los cuerpos
aún jóvenes.

Die Hundstage.
In Glanz erstrahlen die Körper,
noch jung.

93

Cruza la nube
la pradera cárdena.
Y una lagartija.

Die Wolke wandert
über die tiefviolette Wiese.
Und eine Eidechse.

94

Vestida de gris
se despide la tarde
modestamente.

In Grau gehüllt
verabschiedet sich der Abend,
ganz bescheiden.

95

Sólo la noche
camina de puntillas
sobre el tejado.

Nur die Nacht
schleicht auf Zehenspitzen
über das Dach.

96

Furioso el viento
cierra puertas de golpe
antes de irse.

Zornig ist der Wind
und knallt die Türen zu,
bevor er geht.

97

Se enojó el cielo
y lanza imprecaciones
relampagueantes.

Der wütende Himmel
schleudert blitzende Flüche.
Ein Donnerwetter.

98

Dentro, el silencio.
Fuera, gime la lluvia
y llora el viento.

Drinnen herrscht Stille.
Draußen jammert der Regen
und der Wind weint.

99

*Golpea el viento
la campana de bronce
del camposanto.*

*Der Wind läutet
die Bronzeglocke
auf dem Gottesacker.*

100

Un mar de hojas,
secas olas crujientes.
Pardo océano.

Ein Meer von Laub.
Rascheln trockener Wogen.
Welker Ozean.

101

*Una hojarasca
ha cubierto la senda
del breve parque.*

*In dem kargen Park
hat eine Flut von Blättern
den Weg zugedeckt.*

102

Llora la lluvia
y contra la ventana
muere la tarde.

Der Regen weint
und vor dem Fenster liegt
der sterbende Abend.

103

Del viejo olmo
cayó la última hoja.
Duerme el jardín.

Die alte Ulme
verlor ihr letztes Blatt.
Der Garten liegt im Schlaf.

104

Duerme el jardín.
Silenciosas las fuentes
velan su sueño.

Der Garten schlummert.
Schweigend wachen
die Brunnen über seinen
Schlaf.

105

Solloza el viento.
Las hojas bailan su danza.
Llegó el otoño.

Der Wind heult.
Die Blätter tanzen ihren
Reigen.
Der Herbst ist da.

106

Sin las alondras
languidece la estatua
sola en el parque.

Ohne die Lerchen
dämmert die Statue einsam
im Park vor sich hin.

107

*Un tímido sol
oculta sus rubores
entre las nubes.*

*Schüchtern verbirgt
die Sonne ihre Röte
hinter den Wolken.*

108

Se fue el otoño.
Con heladas lágrimas
llora una fuente.

Der Herbst ist vorüber.
Ein Springbrunnen vergießt
gefrorene Tränen.

109

Es ya diciembre.
Con guirnaldas de escarcha
se adorna el árbol.

Es ist schon Dezember.
Mit Girlanden aus Raureif
schmückt sich der Baum.

110

Don Invierno
olvidó, este año,
su abrigo blanco.

Der Winter
hat seinen weißen Mantel
dieses Jahr vergessen.